UN PRIVILÈGE INÉDIT

DU

PAPE INNOCENT III

PUBLIÉ

D'APRÈS LE CARTULAIRE DE L'ABBAYE DE SILLY

PAR

l'Abbé J. B. N. BLIN

Curé de Durcet

AVIGNON

SEGUIN FRÈRES, IMPRIMEURS-ÉDITEURS

13, rue Bouquerie, 13

—

1888

UN PRIVILÈGE INÉDIT

DU

PAPE INNOCENT III

IMPRIMATUR :

R. Turcan, vic. gen.

Sagii, die 3 novembris 1887.

———

Il m'est arrivé dans le cours de cette publication de donner plusieurs fois le titre de Bienheureux et de Vénérable à des personnages auxquels le Saint-Siège ne l'a pas conféré. Je ne prétends en aucune manière anticiper sur le jugement du Chef suprême de l'Église. Je ne fais que suivre d'anciens historiens de notre diocèse et d'autres écrivains des siècles passés, qui ont les premiers donné ces marques de vénération à ces pieux personnages.

UN PRIVILÉGE INÉDIT

DU

PAPE INNOCENT III

PUBLIÉ

D'APRÈS LE CARTULAIRE DE L'ABBAYE DE SILLY

PAR

l'Abbé J. B. N. BLIN

Curé de Durcet

AVIGNON

SEGUIN FRÈRES, IMPRIMEURS - ÉDITEURS

13, rue Bouquerie, 13

—

1888

UN PRIVILÈGE INÉDIT

DU

PAPE INNOCENT III

Au mois de janvier dernier, étudiant le Cartulaire (1)
de l'abbaye de Silly (2), j'ai trouvé parmi les 700 chartes
qu'il contient et qui sont presque toutes purement locales,
un magnifique privilège accordé, en 1216, par le pape
Innocent III à tout l'Ordre de Prémontré. Il porte dans le
précieux manuscrit le titre de Generale privilegium ordinis
Præmonstratensis, *pour le distinguer des privilèges parti-*
culiers, accordés par les papes à l'abbaye de Silly. Il suffit
d'en lire les premières lignes pour voir que le contenu de
cette bulle justifie pleinement son titre, et que c'est là
véritablement une des pièces les plus remarquables qui
concernent le vénérable Ordre de Prémontré.

Chose étonnante ! ce privilège ne figure pas dans le
Bullaire d'Innocent III, publié avec de nombreux supplé-
ments, par M. l'abbé Migne (3). Il manque également dans

---

(1) Mss. de la Biblioth. nation., inscrit au n° 11,059 du fonds latin,
et au n° 178 des Cartulaires. Il est de format in-4°.

(2) Silly, ancienne abbaye de Prémontrés, située dans le dioc. de
Séez, à 8 kilom. d'Argentan.

(3) Patrol. latine, tom. 214-217.

les différentes collections de monuments littéraires relatifs à l'Ordre de Prémontré (1).

Comment se fait-il qu'un privilège si glorieux pour les enfants de saint Norbert n'ait jamais été imprimé ? L'explication la plus simple me paraît aussi la plus vraisemblable. C'est que les écrivains qui ont publié les différentes collections citées plus haut ignoraient l'existence de ce privilège, et que, malgré leur zèle pour découvrir les monuments relatifs à Innocent III, ou à la gloire de leur Ordre, ils n'avaient pas fait d'appel aux abbayes de Normandie, qui leur auraient fourni cette pièce, et bien d'autres monuments historiques.

On peut croire d'ailleurs qu'en 1220 les copies de cette bulle étaient très rares, et que le Vén. Gervais, abbé général de l'Ordre de Prémontré, à qui elle fut adressée, l'ayant emportée avec lui (2), lorsqu'il fut nommé à l'évêché de Séez (1220), cette pièce ne fut plus guère connue que des religieux de Silly, qui la conservèrent, comme une précieuse relique, après la mort de leur B. Père.

Quel que soit le motif qui ait empêché jusqu'ici de publier cette bulle, il est certain qu'elle est parfaitement authentique. On la trouve dans la partie du Cartulaire de Silly, qui a été écrite à la fin du XIIIe siècle, par un religieux

(1) *Epist. Rmi Patris Gervasii, Præmonst. abbatis*, editæ opera R. P. Norberti Caillieu, Valencenis, 1663. — *Sacræ antiquitatis monumenta*, notis illustrata a Rᵐᵒ P.-C.-L. Hugo, Stivagii, 1725. — *Bibliotheca Præm. ord.*, auctore J. Lepaige, 1633. — *Annales ord. Præmonst.*, 1726.

(2) On a trouvé, il y a une quinzaine d'années, dans le sous-sol de la sacristie de l'église cathédrale de Séez, le sceau en plomb d'une lettre adressée par un évêque d'Arménie au B. Gervais, pendant qu'il prêchait la croisade pour la délivrance de la Terre Sainte. Ceci prouve qu'il avait, en effet, emporté avec lui à Séez quelques *lettres* qu'on lui avait adressées pendant son généralat, et qu'il pouvait légitimement regarder comme des *souvenirs particuliers*.

de cette abbaye ; et à la fin de ce privilège on lit cette note précieuse rapportée par le copiste :

« Omnibus Christi fidelibus, ad quos presens scriptum pervenerit, W. officialis Sagien., et S., decanus Oximen., salutem in Domino. Noveritis nos vidisse et inspexisse privilegium Premonst. ordinis, ab Innocentio papa tertio predicto ordini indultum et forma suprascripta, in cujus rei testimonium ego Willelmus, officialis Sagien., sigillum curie Sagien. dignum duxi apponere, et ego S., decanus Oximensis, sigillum meum dignum duxi apponendum. »

Le soin judicieux et la correction avec lesquels le Cartulaire de Silly est rédigé sont une nouvelle preuve de l'authenticité de ce privilège.

En le parcourant, on voit combien le pape Innocent III chérissait les enfants de saint Norbert. Il les appelle à plusieurs reprises ses fils bien-aimés ; il proclame qu'ils sont l'ornement de l'Église catholique par leur sainteté ; il assure qu'ils sont répandus par tout le monde chrétien, et qu'ils l'édifient par leurs vertus éminentes. Il les compare tantôt à une vigne chargée de fruits, qui étend ses rameaux d'un bout du monde à l'autre ; tantôt à un grand flambeau, qui éclaire la maison de Dieu, et qui joint à l'éclat de ses rayons une grâce et une beauté toutes célestes. Il fait des vœux pour la conservation de leur Ordre jusqu'à la fin des siècles ; menace des châtiments de Dieu, en cette vie et en l'autre, tous ceux qui attenteront à leurs privilèges, et appelle les bénédictions du ciel sur ceux qui leur aideront à remplir leur divine mission.

Ce privilège fut donné à Viterbe, le 25 avril 1216, par la main de Thomas, chancelier et cardinal-prêtre de Sainte-Sabine. Fut-il rapporté en France par le Vén. Gervais lui-même (1), lorsqu'il revint du concile général

---

(1) Plusieurs auteurs lui donnent le titre de vénérable et de bienheureux. Le R. P. Hugo, abbé d'Estival, parlant des funérailles du pieux

de Latran assemblé en 1215, ou bien fut-il confié à quelqu'un des religieux de saint Norbert établis en Italie? Il ne serait peut-être pas impossible de résoudre cette question d'après les annales de l'Ordre, qui doivent indiquer l'époque du retour en France du Vén. Gervais. Ce qui est certain, c'est que cette bulle fut publiée au chapitre général de l'Ordre, qui eut lieu au mois d'octobre 1216. Tous les enfants de saint Norbert en ressentirent alors une grande joie.

Oublié pendant plus de six siècles, il reparaît aujourd'hui que les enfants de ce saint Patriarche gémissent sous le poids de la persécution. Puisse-t-il leur apporter quelque consolation au milieu de leurs épreuves; puisse-t-il être pour eux le signe précurseur d'un temps plus heureux! Assurément tout ce qui reste en France d'âmes dévouées à l'Église catholique répète le vœu du saint pontife Innocent III :

« Ordo canonicus, ut in Premonstratensi ecclesia secundum B. Augustini regulam et dispositionem recolendæ memoriæ Norberti, quondam Premonst. Ordinis institutoris, perpetuis temporibus inviolabiliter observetur. »

J.-B.-N. BLIN, ch° h° de Séez, curé de Durcet.

évêque de Séez, dont le corps fut accordé aux religieux de Silly et déposé par eux dans leur église abbatiale, dit expressément (*Sacræ antiquitatis monumenta.* Préf., p. 5) : « *Venerabiles optimi Patris exuvias ea decentia condiderunt, quæ Sanctum decebat.* » Quelques pages auparavant il avait fait de lui ce bel éloge : « *Immensos pro resarcienda disciplina in clero labores insumpsit, totus primorum temporum spirans fervorem abbas... Magnam zeli, doctrinæ, religionis famam sibi peperit, toti notissimam Europæ... Flagrabat dilatandæ fidei zelo Apostolico...* »

Le R. P. Georges Lienhart (*Ephemerides hagiologicæ Præmonst. ordinis,* 1764) fait aussi une mention bien honorable de notre grand évêque, lorsqu'il écrit au 28 septembre : « *Sillei, diœcesis Sagiensis, obdormitio Beatæ memoriæ Gervasii, abbatis,* etc. » Il répète le même éloge dans un autre ouvrage, le *Spiritus litterarius Norbertinus* (1771), et déclare que le B. Gervais était « *vir insignis doctrinæ et pietatis.* »

GENERALE PRIVILEGIUM ORDINIS PRÆMONSTRATENSIS (1)

Innocentius, episcopus, servus servorum Dei, dilectis filiis abbati Premonst. et ceteris abbatibus et canonicis Premonstrat. ordinis, tam presentibus quam futuris, regularem vitam professis in perpetuum. In eminenti Apostolice Sedis specula, licet immeriti, disponente Domino, constituti, pro singulorum statu solliciti esse compellimur, et ea sincere tenemur amplecti que ad incrementum religionis pertinent, et ad virtutum spectant ornatum, quatinus religiosorum quies ab omni sit perturbatione secura, et a jugo mundane oppressionis servetur illesa, cum Apostolica fuerit tuitione munita.

Attendentes igitur quomodo religio et ordo vester multa refulgens gloria, nitorem et gratiam redolens sanctitatis, palmites suos a mari usque ad mare extenderit, ipsum ordinem, universas domos ejusdem ordinis Apostolice

(1) Ce privilège commence au folio 31 verso du Cartulaire ; il se termine au folio 34 verso ; il remplit six pages entières.

PRIVILÈGE GÉNÉRAL DE L'ORDRE DE PRÉMONTRÉ

Innocent, évêque, serviteur des serviteurs de Dieu, à nos fils bien-aimés, l'abbé de Prémontré et autres abbés et chanoines de l'ordre de Prémontré, qui ont professé ou professeront la vie régulière, à perpétuité. Placé sur la chaire apostolique et élevé par la divine Providence au souverain pontificat, malgré notre indignité, nous sommes obligé de veiller au salut de tous les fidèles, et de prendre des moyens efficaces pour développer la vie religieuse dans l'Église et l'orner de plus en plus de vertus. Dans ce but, nous devons faire en sorte que le repos des religieux, placés sous la sauvegarde apostolique, soit à l'abri des troubles et de l'injustice des hommes.

Voyant donc avec bonheur combien votre ordre religieux brille au milieu du monde par l'éclat de la sainteté, de quelle grâce et de quelle beauté Dieu lui-même l'environne, quel doux parfum de vertu il répand

protectionis presidio duximus confovendas, et presenti privilegio muniendas. Ea propter, dilecti in Domino filii, vestris justis postulationibus benignius annuentes, ad exemplar felicis recordationis Alexandri, Lucii, Urbani et Clementis, predecessorum nostrorum, Romanorum pontificum, universas regulares institutiones et dispositiones, quas de communi assensu, vel majoris et sanioris partis fecistis, sicut inferius denotantur, auctoritate Apostolica roboramus, et presentis scripti privilegio communimus, videlicet ut ordo canonicus, ut in Premonstratensi ecclesia, secundum Bi Augustini regulam et dispositionem recolende memorie Norberti, quondam Premonstratensis ordinis institutoris et successorum suorum, in candido habitu institutus esse dignoscitur, per omnes ejusdem ordinis ecclesias perpetuis temporibus inviolabiliter observetur, et eedem

---

dans l'Église, comme il étend ses rameaux d'un océan à l'autre, nous avons cru devoir le mettre lui et toutes ses maisons sous la protection apostolique et lui accorder le présent privilège.

C'est pourquoi, à l'exemple de nos prédécesseurs, les pontifes romains, d'heureuse mémoire, Alexandre, Lucius, Urbain et Clément, qui se firent un bonheur de répondre à vos justes demandes, nous confirmons de l'autorité apostolique tous les règlements rapportés ci-après, que vous avez établis d'un commun accord ou par la décision de la majeure et de la plus saine partie de la communauté.

Nous voulons que l'ordre des chanoines de saint Augustin, établi dans l'église de Prémontré, par votre fondateur Norbert (1), de glorieuse mémoire, continue jusqu'à la fin des siècles de suivre les constitutions de son Père spirituel et de ses successeurs, qu'elles soient observées inviolablement par tous les religieux, que revêtus des mêmes insignes, l'habit blanc, ils gardent les mêmes statuts, et conservent à perpétuité le même

---

(1) Saint Norbert n'était pas encore canonisé. Le pape Innocent III, en l'appelant *vir recolendæ memoriæ*, montre suffisamment la vénération que ses vertus lui inspiraient.

pénitus observantie, idemque liber, qui ad divinum officium pertinet, ab omnibus ejusdem ordinis uniformiter teneantur. Nec aliqua ecclesia vel persona ordinis vestri adversus communia ipsius ordinis instituta privilegium aliquod postulare, vel obtentum audeat quolibet modo retinere.

Nulla etiam ecclesiarum ei quam genuit, quamlibet terreni commodi exactionem imponat, sed tantum pater abbas curam de profectu tam filii abbatis, quam fratrum domus illius habeat, et potestatem habeat secundum ordinem, corrigendi que in ea noverit corrigenda ; et illi ei, tanquam patri, reverentiam filialem exhibeant.

Abbas autem Premonstratensis ecclesie, que mater esse dignoscitur aliarum, non solum in his ecclesiis quas instituit, sed in omnibus aliis ejusdem ordinis et dignitatem et officium patris obtineat, et ei ab omnibus, tam abbatibus, quam fratribus, debita patri obedientia impendatur.

Preterea omnes abbates ordinis vestri singulis annis ad generale capitulum Premonstratense, postposita omni

---

livré d'office. Qu'aucun monastère, qu'aucun supérieur dans votre ordre n'essaie d'obtenir des privilèges contraires aux règles communes, et, s'il les obtient, à Dieu ne plaise, qu'il ose les retenir et en faire usage.

Qu'aucune église-mère n'impose à sa fille des sacrifices pécuniaires; mais que l'abbé de l'église-mère prenne seulement soin de l'avancement spirituel de son abbé fils et des religieux qu'il dirige, qu'il ait le pouvoir de corriger, selon les règles de l'ordre, ce qu'il verrait en eux de répréhensible, et que ceux-ci se conduisent à son égard comme des fils soumis et respectueux.

Que l'abbé de l'église de Prémontré, qui est la mère de toutes les autres abbayes de l'ordre, conserve le rang et la dignité de Père, non seulement dans les églises qui ont été fondées directement par elle, mais dans toutes les maisons du même ordre, et que tous les religieux et même tous les abbés lui obéissent avec un empressement filial.

En outre, que tous les abbés de votre ordre se rendent, chaque année, au chapitre général de Prémontré. Qu'aucun d'entre eux ne s'en

occasione, conveniant, illis solum exceptis quos a labore vie corporis retardaverit infirmitas ; qui tamen ydoneum pro se delegare debent nuntium, per quem necessitas et causa remorationis sue capitulo valeat nuntiari. Ii autem qui in remotioribus partibus habitantes sine gravi difficultate singulis annis se nequiverint capitulo presentare, in eo termino conveniant qui in ipso eis capitulo fuerit constitutus.

Si vero quilibet abbatum aut prepositorum pro contumacia vestrum capitulum frequentare desierit, liceat abbati Premonstratensi, consilio sui capituli, eos usque ad dignam satisfactionem sententia percellere regulari, et sententiam, quam prefatus Premonstrat. abbas, sive in generali capitulo sive extra generale capitulum, consilio coabbatum, in prelatos et subditos totius ordinis vestri canonice tulerit, nulli archiepiscoporum, seu episcoporum, nisi forte de mandato Romani Pontificis, liceat relaxare.

---

exempte sous quelque prétexte que ce soit. Nous ne dispensons que ceux qui seront retenus par des infirmités corporelles ; mais alors nous voulons qu'ils envoient à leur place un député digne de confiance, qui expliquera au chapitre général les motifs de l'absence de son abbé. Pour ceux qui habitent dans des contrées trop éloignées pour leur permettre de venir tous les ans, sans de graves difficultés, à votre chapitre général, ils y viendront seulement au terme qui leur sera fixé en plein chapitre.

Si quelqu'un des abbés ou des prévôts cesse, par une désobéissance manifeste, de venir à votre chapitre, l'abbé de Prémontré pourra, après avoir pris l'avis de son chapitre, lui infliger les peines prévues par la règle, jusqu'à ce qu'il ait dignement satisfait. Nous défendons à tout archevêque ou évêque de relever de ces peines les prélats et les simples religieux de votre ordre, qui les auraient encourues au jugement de l'abbé de Prémontré, soit qu'il les ait infligées en chapitre général, soit qu'il ait prononcé en dehors du chapitre, et seulement après avoir pris conseil de quelques abbés de l'ordre. Cette défense cependant ne serait pas applicable si le Pontife Romain autorisait cette absolution.

In generali igitur capitulo vestro, presidente abbate Premonstratensi, ceteris que considentibus et in Spiritu Dei coo-
perantibus, de iis que ad edificationem animarum, ad instruc-
tionem morum, ad informationem vero virtutum, atque
incrementum regularis discipline spectabunt, sermo diligens
habeatur.

Porro de omnibus questionibus et querelis tam spiritalibus
quam temporalibus, que in ipso capitulo proposite fuerint,
illud teneatur irrefragabiliter et servetur, quod abbas Premonstratensis cum hiis qui sanioris consilii et magis ydonei
apparuerint, juste ac provide judicabit.

Sane si abbas aliquis vestri ordinis infamis, vel inutilis,
aut ordinis sui prevaricator inventus fuerit, et prius per
patrem suum abbatem aut per nuntios ejus admonitus,
suum corrigere et emendare delictum neglexerit, aut cedere,
si amovendus fuerit, sponte noluerit, auctoritate generalis
capituli deponatur, et depositus sine dilatione ad domum
unde exiverit, seu ad aliam ejusdem ordinis quam elegerit,

Que dans votre chapitre général, assemblé sous la présidence de l'abbé
de Prémontré, tous les abbés, dociles aux lumières du Saint-Esprit, re-
cherchent les moyens les plus efficaces de procurer l'édification de leurs
frères, d'accroître leur piété, et de faire fleurir au milieu d'eux la disci_
pline monastique.

Pour toutes les affaires spirituelles ou temporelles qu'on aura traitées
dans ce chapitre, qu'on s'en tienne strictement aux mesures de prudence
et aux décisions que l'abbé de Prémontré aura prises avec les abbés qui
forment la plus saine partie de l'ordre et qui sont les plus aptes au gou-
vernement des âmes.

A Dieu ne plaise qu'il se rencontre jamais dans votre ordre un abbé
qui perde, par sa faute, le respect des fidèles, qui soit un serviteur inutile
ou même prévaricateur de son ordre. Si ce malheur arrivait cependant,
et qu'averti par le père abbé, ou par ceux qu'il députerait à cette fin, ce
religieux indigne négligeât de se corriger ou refusât de se démettre de
sa charge, qu'il soit déposé par l'autorité du chapitre général. Nous
ordonnons qu'après cette sentence, il retourne à la maison d'où il est

sine ulla conditione temporalis commodi revertatur, in obedientiam abbatis sicut ceteri fratres ipsius domus firmiter permansurus.

Id ipsum et alio tempore, si necesse fuerit, et capitulum sine scandalo et periculo exspectari nequiverit, per abbatem Premonstratensem et per priorem abbatie et alios abbates quos vocaverit, fieri licebit. Quod si depositus insedate sive contumaciter contraire temptabit, tam ipse quam principales ejus qui de ordine vestro fuerint in sua contumacia fautores, ab abbate Premonstratensi et ceteris abbatibus censura ecclesiastica, donec satisfaciant, arceantur.

Verum, cum aliqua ecclesiarum vestrarum abbate proprio fuerit destituta, vel cum ibi abbatis electio non fuerit regulariter celebrata, sub patris abbatis potestate ac dispositione consistat, et cum ejusdem consilio qui eligendus fuerit, a canonicis eligatur, electo autem fratres ecclesie statim obedientiam promittant. Qui non quasi absolutus a potestate

---

sorti, ou à une autre maison du même ordre qu'il choisira, sans qu'on lui accorde le moindre avantage temporel, qu'il demeure obéissant et soumis à son abbé, comme le dernier des religieux de la maison.

S'il était même nécessaire, dans un autre temps que celui du chapitre général, de prendre une pareille mesure à l'égard d'un abbé de l'ordre, et qu'on ne pût attendre la réunion du chapitre sans s'exposer à un scandale ou à un danger grave, l'abbé de Prémontré, assisté du prieur de l'abbaye et de quelques autres abbés de son ordre, pourra faire pleine justice du coupable, et, si le prélat déposé entreprend de résister à ses supérieurs, s'il se montre indocile et rebelle, que lui et ses principaux fauteurs appartenant à votre ordre soient frappés des censures ecclésiastiques par l'abbé de Prémontré, jusqu'à ce qu'ils aient pleinement satisfait.

Lorsqu'une de vos églises aura été privée de son pasteur, ou même lorsqu'elle aura fait une élection d'abbé irrégulière, qu'elle demeure sous la garde et sous la conduite du père abbé, et que les chanoines guidés par ses conseils aient soin de faire un digne choix. Aussitôt que l'élection sera terminée, que tous les frères de cette église promettent obéissance

patris abbatis, seu ordinis sui, archiepiscopo vel episcopo,
in cujus diocesi fuerit, presentetur, plenitudinem ab eo
officii percepturus. Ita tamen quod post factam archiepiscopo vel episcopo suo professionem, occasione illa non
transgrediatur constitutiones ordinis sui, nec in aliquo ejus
prevaricator existat. Si quis etiam in vobis canonice electus
in abbatem, diocesano episcopo semel et iterum per abbates
vestri ordinis presentatus, benedictionem ab eo non potuerit
obtinere, ne ecclesia ad quam vocatus est, destituta consilio
periclitetur, officio et loco abbatis plenarie secundum ordinem fungatur in ea, tam in exterioribus providendis quam
in interioribus corrigendis, donec aut interventu generalis
capituli vestri, aut precepto Romani Pontificis, seu metro-
politani, suam benedictionem obtineat.

Porro nulla persona ecclesiastica pro crismate, aut conse-
crationibus, aut pro sepultura pretium, aut pro benedicto

---

au nouvel abbé. Pour lui, sans cesser d'être sous la dépendance du supérieur général, et d'appartenir à son ordre, qu'il soit présenté à l'archevêque ou à l'évêque, dans le diocèse duquel il se trouve, afin de recevoir
de lui la plénitude de la charge pastorale. Mais qu'à cette occasion il ne
transgresse point les constitutions de son ordre ; qu'il se contente de
faire à l'archevêque ou à l'évêque la profession accoutumée.

S'il arrivait qu'un frère élu canoniquement et présenté à l'évêque une
première et une seconde fois par les abbés de son ordre ne pût obtenir
de lui la bénédiction qu'il sollicite, nous ne voulons pas laisser l'église
qu'il est appelé à diriger privée de conseil et exposée à périr. Qu'il rem-
plisse les fonctions d'abbé, en réglant les affaires extérieures, et en cor-
rigeant, à l'intérieur, les fautes de ses frères ; qu'il travaille ainsi comme
un bon serviteur, jusqu'à ce que, par l'intermédiaire de votre chapitre
général, ou par un ordre exprès du Souverain Pontife ou du métropoli-
tain, il obtienne la bénédiction à laquelle il a droit.

Qu'aucun prélat ecclésiastique n'ait la témérité d'exiger une somme
d'argent pour le Saint-Chrême, pour une consécration ou pour une
sépulture. Qu'il ne demande ni palefroi ni autre chose pour la bénédic-

abbate et deducendo in sede sua palefridum, aut aliquid aliud
a vobis exigere, nullus etiam vestrum, si exigatur, dare presumat, eo quod et dantem et exigentem nota et periculum
symoniace pravitatis involvit.

Ceterum si aliqua ecclesiarum vestrarum pastoris solatio
destituta, inter fratres de substituendo abbate discordia fuerit, vel scissura suborta, et ipsi facile ad concordiam vel
unitatem revocari nequeant, pater abbas consilio coabbatum
suorum eis ydoneam provideat personam, et illi eam sine
contradictione recipiant in abbatem ; quam si recipere con-
tempserint, sententie subjacebunt, quam pater abbas cum
consilio coabbatum suorum in eos duxerit auctoritate ordinis
promulgandam.

Ad hoc cum Premonstratensis ecclesia propria mater est
omnium ecclesiarum totius ordinis, et priorem super se
non habet, sicut ad cautelam et custodiam ordinis statutum

---

tion d'un abbé ou pour son installation ; et s'il s'abaissait à ce point,
qu'aucun d'entre vous n'ait la faiblesse de lui céder ; parce que celui qui
demande et celui qui accorde encourent l'un et l'autre le reproche infâ-
mant de simonie.

Lorsque la mort aura privé une de vos églises de son pasteur, qu'il
ne s'élève point de discorde entre les frères au sujet du successeur qu'on
doit lui donner, qu'il n'y ait pas de schisme à cette occasion. Mais si ce
malheur arrivait, et que les religieux de cette maison ne pussent être
facilement ramenés à la concorde, nous voulons que le père abbé, après
avoir pris le conseil de quelques prélats de son ordre, choisisse lui-même,
et donne à cette famille divisée un abbé capable de la conduire. Que les
frères le reçoivent sans faire la moindre opposition. S'ils refusent de le
recevoir, ils subiront les peines canoniques que le père abbé, d'accord
avec les prélats de son ordre, jugera à propos de leur faire infliger.

De plus, comme l'église de Prémontré est la mère de toutes vos églises, et qu'il n'y a point, dans votre ordre, de maison qui lui soit supé-
rieure pour le rang et pour l'ancienneté, nous ordonnons que, suivant
les règles si sagement établies pour la conservation de l'ordre, elle soit

est, per tres primos abbates Laudun., Florefien., et Cuis-
siac., annua ibidem visitatio fiat, et si quid in ipsa domo
corrigendum fuerit, absque majori per eos audientia corri-
gatur. Quod si abbas in corrigendo tepidus, et fratres sepius
moniti incorrigibiles permanserint, ad generale capitulum
referatur, et si quid melius visum fuerit, consilio generalis
capituli emendetur, et sententia in hac parte capituli sine
retractatione aliqua observetur.

Quoties vero ecclesia Premonstratensis sine abbate fuerit,
ad prefatos tres abbates ejus cura respiciat, et a canonicis
ipsius ecclesie cum eorum consilio persona in abbatem
ydonea eligatur, ad consilium suum quatuor aliis abbatibus
ad eamdem ecclesiam pertinentibus pariter advocatis, quos
ipsi canonici providerint advocandos.

---

visitée chaque année par les trois premiers abbés, celui de Laon (1),
celui de Floreffe (2) et celui de Cuissy (3), et, s'ils trouvent quelque chose
à reprendre dans cette maison elle-même, qu'il soit reformé par eux
sans autre formalité. Si l'abbé était malheureusement tiède dans la correction des abus, et que ses frères avertis plusieurs fois ne montrassent
aucun amendement, qu'il en soit référé au chapitre général, et si le chapitre juge à propos d'ordonner quelque réforme, qu'elle soit exécutée par
son autorité. Nous défendons absolument de s'écarter des règles qu'il
aura établies.

Toutes les fois que l'église de Prémontré sera privée de son père spirituel, que les trois abbés de Laon, de Floreffe et de Cuissy prennent soin
de sa direction, et que par leur conseil les chanoines de cette abbaye
élisent un religieux digne de leur respect. Nous voulons qu'à l'assemblée
dans laquelle se fera l'élection, outre les prélats ci-dessus nommés, on
appelle quatre abbés du même ordre, qui seront désignés par les chanoines eux-mêmes.

(1) Laon, abbaye fondée en Picardie sous le vocable de Saint-Martin.
(2) Floreffe, abbaye située près de Namur, en Belgique, et fondée en 1122.
(3) Cuissy, abbaye, située dans l'ancien diocèse de Laon, et fondée en 1117.

Liceat quoque unicuique matri ecclesie ordinis vestri cum consilio abbatis Premonstratensis de abbatibus ecclesiarum, que ab ea processisse noscuntur, suum etiam de alia ejusdem ordinis inferiori ecclesia sibi, quemcunque voluerit, si tamen ydoneus exstiterit, in abbatem assumere.

Personam autem de alio ordine nulla ecclesiarum vestrarum sibi eligat in abbatem, nec vestri ordinis aliquam in abbatem monasterii ordinis alterius, nisi de auctoritate Romane ecclesie ordinetur. Nulli etiam canonicos vel conversos vestros sine licentia abbatis (1) recipere, aut susceptos liceat retinere. Sane nulli ecclesie vestri ordinis liceat ad aliam aliquam professionem temeritate qualibet se transferre. Si que vero ecclesie canonicorum ordinis alterius ad ordinem vestrum venerint, ad ecclesiam vestri ordinis habeant sine

---

(1) On lit dans le Cartulaire de Silly : « *Vel universos vestros in licentia abbatem* », ce qui n'a aucun sens. M. Léopold Delisle, membre de l'Institut et administrateur général de la Bibliothèque nationale, à qui je dois la communication de ce précieux manuscrit, a bien voulu m'indiquer la manière de rétablir le texte. Je le prie d'agréer l'expression de ma vive reconnaissance.

Qu'il soit permis à chacune de vos églises-mères, après avoir consulté le général de l'ordre, d'élire pour son père spirituel un des abbés qui gouvernent une église inférieure, mais fondée par cette église-mère, pourvu qu'il soit digne de cette élévation.

Mais qu'aucune de vos églises ne choisisse pour abbé un prélat d'un ordre différent, et qu'aucun prélat de votre ordre ne soit élu abbé dans un monastère appartenant à une autre famille religieuse, à moins que le Pontife Romain ne juge à propos d'accorder une dispense.

De même, qu'il ne soit permis à aucune église de recevoir vos chanoines ou vos convers sans la permission de leur abbé, ou de les retenir s'ils ont déjà été reçus.

Nous défendons expressément à toute église de votre ordre de l'abandonner témérairement pour embrasser une autre règle. Mais si quelques sociétés de chanoines d'un autre ordre veulent entrer dans le vôtre, qu'on

refragatione respectum, in qua vestrum noscuntur ordinem assumpsisse. Preterea si inter aliquas ecclesias vestri ordinis de temporalibus questio emerserit, non extra ordinem ecclesiastica vel secularis audientia requiratur, sed, mediante Premonstratensi abbate et ceteris quos vocaverit, aut karitative inter eos componatur, aut auditis utrinque rationibus, eadem controversia justo judicio terminetur.

Ad majorem quoque ordinis vestri pacem conservandam, districtius prohibemus ne aliquis prelatorum vel subditorum vestrorum in his, que ad disciplinam et instituta ordinantur, audeat, prout statutum est in Lateranensi concilio, appellare; sed si quisquam appellare temptaverit, nichilominus illi quorum interest, regularem disciplinam exercebunt, exercere debebunt.

De cetero, quum a strepitu et tumultu secularium remoti, pacem et quietem diligitis, grangias vestras et curtes,

---

les regarde comme affiliées à l'église dans laquelle elles ont professé la règle de Prémontré.

En outre, s'il s'élève entre deux églises de votre ordre une difficulté relative à des affaires temporelles, qu'elles se gardent bien de recourir à un tribunal étranger à l'ordre, ecclésiastique ou séculier. Mais que par l'intermédiaire de l'abbé de Prémontré et de quelques autres prélats de l'ordre, dont il prendra conseil, cette difficulté soit terminée à l'amiable, ou bien qu'après avoir entendu les raisons de part et d'autre, il mette fin au procès par une sentence équitable.

Afin de conserver dans votre ordre une paix plus profonde, nous défendons aux prélats comme aux simples chanoines d'interjeter appel pour ce qui regarde la discipline et les constitutions de votre Ordre. Qu'ils observent les règles du Concile de Latran, sur ce point. Si quelqu'un ose faire un appel de ce genre, les supérieurs exerceront néanmoins à son égard les règles de la discipline ; nous leur en faisons un devoir.

Du reste, comme vous aimez la paix, et que vous êtes bien éloignés de vivre dans le tumulte du monde et le bruit des affaires du siècle, nous

sicut et atria ecclesiarum, a pravorum incursibus et violentia liberas fore sancivimus, prohibentes ne ullus ibi hominem capere, spoliare, verberare seu interficere, aut furtum vel rapinam committere audeat.

Ob evitandas vero secularium virorum frequentias liberum sit vobis, salvo jure diocesanorum episcoporum, oratoria in grangiis et curtibus vestris construere, et in ipsis vobis et familie vestre divina officia, cum necesse fuerit, celebrare, et ipsam familiam, nisi aliqui sint, qui in vicinia habeant propria domicilia, ad confessionem, ad communionem et sepulturam cum vestri ordinis honestate suscipere.

Liceat quoque vobis personas liberas et absolutas, e seculo fugientes, ad conversionem recipere, et eas cum rebus suis sine contradictione aliqua retinere.

Infirmos quoque absolvere, qui in extrema voluntate ad vos se transferri, aut apud vos sepeliri deliberaverunt, nul-

---

voulons que désormais vos granges, vos cours, et les cimetières de vos églises soient à l'abri de la violence des méchants. Nous défendons absolument d'y arrêter personne, d'y dépouiller, frapper, ou mettre à mort aucun homme, d'y commettre aucun acte de vol ou de rapine.

Pour vous faire éviter les fréquentes communications avec les séculiers, nous voulons qu'il vous soit permis, sans blesser le droit des évêques diocésains, de construire des oratoires près de vos granges et dans vos cours, et d'y célébrer l'office divin pour vous et vos domestiques, lorsqu'il sera nécessaire. Vous pourrez même y recevoir les confessions de vos serviteurs, à moins qu'ils n'aient un domicile dans le voisinage, et leur donner la sainte communion et la sépulture avec tous les honneurs convenables à votre Ordre.

Nous vous permettons aussi de recevoir à la conversion de leurs mœurs les hommes libres et débarrassés des liens du siècle, qui veulent fuir le monde. Vous pourrez en toute liberté les garder près de vous, et conserver les biens qu'ils vous apporteront.

Nous vous permettons également d'absoudre les malades qui, exprimant leurs dernières volontés, demanderont à leurs proches de les trans-

lus impedire, seu res eorum legitimas detinere presumat, salva tamen heredum legitima portione, et canonica justitia aliarum ecclesiarum, a quibus mortuorum corpora assumuntur.

Ad majorem etiam vestri ordinis reverentiam, et regularis discipline observantiam, vobis, filii abbates, subjectos vestros ligandi et solvendi plenam concedimus potestatem.

Quia vero singula, que ad religionis profectum et animarum salutem ordinastis, presenti *abbreviationi* nequiverunt annecti, nos cum hiis que prescripta sunt, *consuetudines vestras*, quas inter vos religionis intuitu regulariter *statuistis*, ac deinceps, auctore Domino, *statuetis*, auctoritate Apostolica statuimus, roboramus, et vobis vestrisque successoribus, et omnibus, qui ordinem vestrum professi fuerint, perpetuis temporibus inviolabiliter observandas decernimus.

---

porter chez vous et de les faire inhumer dans votre cimetière. Que personne n'ose les en empêcher, ou retenir leurs biens, sauf toutefois la portion qui revient à leurs héritiers d'après la loi, et les honoraires dus canoniquement aux églises, loin desquelles on transfère les corps de ces personnes après leur décès.

Pour augmenter encore la vénération due à votre Ordre, et resserrer les liens de la discipline régulière, nous vous accordons, bien-aimés fils, abbés de l'Ordre de Prémontré, le plein et entier pouvoir de lier et de délier ceux qui sont soumis à votre juridiction.

Mais, parce que tous les règlements que le zèle de la religion et du salut des âmes vous a inspirés n'ont pu être rapportés dans ce privilège, nous approuvons non seulement ceux que nous venons de mentionner, mais encore tous ceux que vous avez faits en vue des intérêts de Dieu, ou que vous ferez par la suite avec sa grâce. Nous les confirmons par l'autorité apostolique, et nous voulons qu'ils soient observés inviolablement par vous et vos successeurs, c'est-à-dire par tous ceux qui feront profession de la vie religieuse dans votre Ordre à perpétuité.

Nec alique littere habeant firmitatem, que, tacito nomine Premonstratensis ordinis, contra libertates ab Apostolica sede vobis indultas fuerint impetrate.

Sane laborum vestrorum, quos propriis manibus aut sumptibus colitis de possessionibus habitis ante concilium generale, sive de hortis, et virgultis, et piscationibus vestris, vel de nutrimentis animalium vestrorum, seu etiam de novalibus, nullus a vobis decimas exigere vel extorquere presumat.

Interdicimus vero episcopis, et aliis ecclesiarum prelatis, nisi servato evectionis numero in Lateranensi concilio constituto, in vestris monasteriis hospitari. Ad grangias autem vestras et ad curtes hospitandi gratia non divertant, nisi in magna necessitate, et tunc contenti sint ipsarum mansionum cibariis consuetis; cum honestate atque caritate exibunt.

Nulli autem seculari persone vel ecclesiastice in aliqua domorum vestrarum liceat carnibus vesci, nisi manifeste egri-

---

Nous défendons de donner force de loi à aucune lettre contraire aux libertés et aux privilèges accordés à votre Ordre par le Siège Apostolique, si elle ne désigne expressément l'Ordre de Prémontré.

Nous défendons aussi à toute personne de prélever de gré ou de force des dîmes sur les terres que vous cultivez de vos mains, ou aux frais de vos abbayes, si ces terres vous appartenaient avant le concile général. Nous comprenons dans cette défense vos jardins, vos bois, vos pêcheries, les animaux que vous élevez, et vos terres nouvellement défrichées.

Nous défendons pareillement aux évêques et aux autres prélats d'aller loger dans vos maisons, à moins d'observer les règles du concile de Latran touchant le nombre de leurs chevaux de transport. Qu'ils n'aillent jamais loger dans les maisons élevées près de vos granges ou sur vos cours, si ce n'est dans un cas de grave nécessité; mais alors qu'ils se contentent de la nourriture ordinaire de la maison, et qu'ils se retirent avec toute l'honnêteté et la charité qui leur conviennent.

Nous défendons à toute personne séculière ou ecclésiastique de manger de la viande dans les maisons de votre Ordre, à moins qu'elle n'ait une

tudinis causa, et hoc in solis monasteriis conventualibus vestris.

Prohibemus insuper ne aliqua persona fratres ordinis vestri ad secularia judicia audeat provocare, sed, si quis adversus eos aliquid sibi crediderit de jure competere, sub ecclesiastici examine judicii experiendi habeat facultatem.

Licitum preterea vobis sit in causis vestris fratres ydoneos ad testificandum adducere, et eorum testimonio, sicut rectum fuerit, propulsare violentiam, et justitiam vindicare.

Prohibemus quoque ne cuilibet ecclesiastice vel seculari persone fas sit in ecclesiis vestris contra statuta Lateranensis concilii tallias exercere, vel quaslibet alias vobis ineptas et iniquas exactiones imponere.

Interdicimus autem vobis ne feras, aves, canes, sive cetera hujusmodi curiositatis animalia a quolibet ad nutriendum sive custodiendum in detractionem vestri ordinis suscipere presumatis.

---

maladie bien manifeste. Mais cette règle ne regarde que vos monastères conventuels.

Nous défendons encore à toute personne de citer les frères de votre Ordre devant les tribunaux séculiers. Ceux qui croiront pouvoir leur réclamer en justice quelque chose, doivent les citer devant un tribunal ecclésiastique, qui examinera les raisons de part et d'autre.

Nous voulons encore, chers fils, qu'il vous soit permis, dans les affaires qui vous concernent, de produire le témoignage de vos frères, s'ils ont d'ailleurs les qualités requises pour déposer en justice. Vous pourrez ainsi plus facilement repousser les injustices des hommes, et sauvegarder vos intérêts dans la mesure de l'équité.

Nous défendons à toute personne constituée en dignité, soit ecclésiastique, soit civile, de violer les réglements du concile de Latran en levant des impôts sur vos églises, ou en exigeant de vous d'autres prestations injustes ou inconvenantes.

Nous vous défendons à vous-mêmes de nourrir et de garder dans vos maisons des bêtes fauves, des oiseaux, des chiens, ou d'autres animaux de ce genre, que l'on ne conserve que par curiosité. Que personne parmi vous n'ait la témérité d'attirer sur son Ordre le mépris public en violant cette défense.

Porro ut quietius Deo servire possitis, et discurrendi a vobis necessitas auferatur, presenti scripto duximus indulgendum, ut, si, episcopis vestris, aut malitiose differentibus, vel pro justo impedimento non valentibus ordinationes et cetera ecclesiastica ministeria vobis conferre, aliquem episcopum, de cujus ordinatione et officio plena vobis sit notitia, hospitem vos habere contigerit, liberum sit vobis ab eo et ordinationes et cetera sacramenta suscipere, dum tamen prejudicium diocesano episcopo non debeat generare.

Preterea postulatione vestra clementius inclinati, presente pagina duximus inhibendum ne quis archiepiscopus, vel episcopus, vel eorum officialis ecclesias vestras, seu regulares personas earum, absque manifesta et rationabili causa interdicere seu suspendere presumat; sed si quid in eis fuerit corrigendum, ad audientiam generalis capituli Premonstrat. referatur, et ibi, prout justitie et honestati congruum erit, emendetur. Porro si qui episcopi aut eorum officiales in per-

---

Afin de vous donner la facilité de servir Dieu dans une plus grande paix, et pour vous épargner de nombreux voyages, nous avons cru devoir vous accorder une autre faveur. Si les prélats auxquels vous devez vous adresser pour les ordinations et les autres fonctions du ministère épiscopal, diffèrent, par défaut de bienveillance, ou par impossibilité réelle, de se rendre à vos désirs, vous serez libres de recourir pour ces consécrations, à un évêque d'un diocèse étranger, qui en passant recevrait l'hospitalité chez vous, pourvu qu'il soit à votre pleine connaissance qu'il est légitimement ordonné, et qu'il jouit de tous ses pouvoirs. Il ne faudrait pas cependant employer ce moyen, s'il devait causer à votre évêque quelque préjudice.

En outre, accueillant avec le plus grand bonheur les demandes que vous nous adressez, nous défendons à tout archevêque, évêque, ou official, d'interdire vos églises ou leurs prélats, et même de les frapper de suspense, sans une raison manifeste et tout à fait canonique. Si l'on trouve quelque chose à reprendre dans vos églises, qu'on en réfère au chapitre général de Prémontré, et que là on fasse toutes les réformes nécessaires suivant les lois de la justice et de l'honnêteté. Si quelques évêques, ou

sonas vestras aut in ecclesias vestras sententiam aliquam contra libertatem eisdem a predecessoribus nostris, vel a nobis indultam promulgaverint, eamdem sententiam tanquam contra Apostolice Sedis indulta prolatam statuimus irritandam.

Decernimus ergo ut nulli omnino hominum liceat prefatam ecclesiam temere perturbare, aut ejus possessiones auferre, vel ablatas retinere, minuere, seu quibuslibet fatigationibus vexare. Sed omnia integra conserventur eorum, pro quorum gubernatione ac sustentatione concessa sunt, usibus omnimodo profutura, salva Sedis Apostolice auctoritate.

Si qua igitur in futurum ecclesiastica secularisve persona, hanc nostre constitutionis paginam sciens, contra eam temere venire tentaverit, secundo tertiove commonita, nisi reatum suum digna satisfactione correxerit, potestatis honorisque sui dignitate careat, reamque se divino judicio exsistere de perpetrata iniquitate cognoscat, ac sacratissimo Corpore ac Sanguine Dei et Domini Redemptoris nostri,

---

leurs officiaux portaient contre vos prélats ou leurs églises une sentence contraire aux libertés qui leur sont accordées par nos prédécesseurs, ou par nous-même, nous ordonnons que cette sentence soit mise à néant, comme opposée aux décrets du Saint-Siège Apostolique.

Ainsi nous défendons à tout homme, quel qu'il soit, de troubler témérairement la paix de votre église, de lui enlever ses biens, de les retenir après l'enlèvement, de les diminuer en rien, ou de vexer vos religieux en aucune manière. Que tout ce qui a été donné pour l'entretien de vos frères, leur soit conservé ; qu'il soit employé fidèlement à leur usage, sauf l'autorité du Siège Apostolique.

Si donc à l'avenir quelque personne constituée en dignité ecclésiastique ou civile, connaissant la présente constitution apostolique, essaie témérairement d'y contrevenir, et qu'avertie une seconde et une troisième fois, elle ne se corrige point de son péché, et ne fait pas une digne satisfaction, qu'elle soit privée de sa puissance et des honneurs de sa dignité, qu'elle sache qu'elle est condamnée d'avance aux yeux de Dieu comme coupable d'une grande iniquité, qu'elle soit privée en ce monde de la réception du Corps adorable et du sang de son Dieu, de son Sauveur, de

Jhesu Christi, aliena fiat, atque in distincto examine dis-
trinctius subjaceat ultioni.

Cunctis autem eidem loco sua jura servantibus sit pax
Domini nostri Jhesu Christi, quatinus hic fructum bone ac-
tionis percipiant, et apud distrinctum Judicem premia eterne
pacis inveniant. Amen.

Datum Viterbii per manum Thome, cancellarii, Sancte
Sabine presbyteri cardinalis, VII° kal. maii, indictione quarta,
incarnationis dominice anno M° CC° XVI°, pontificatus vero
domini Innocentii P. P. tertii [XIX].

---

son Rédempteur, et qu'au terrible jugement de Dieu elle soit punie avec
toute la sévérité que mérite son crime.

Mais pour ceux qui respecteront tous les droits et privilèges de cette
église bénie, qu'ils goûtent la paix de Notre-Seigneur Jésus-Christ, qu'ils
soient, dès ce monde récompensés, de leur charité, et qu'arrivés aux pieds
du Juge suprême, ils reçoivent la couronne de vie et entrent dans la
paix éternelle. Amen.

Donné à Viterbe, par la main de Thomas, chancelier et cardinal-prêtre
de Sainte Sabine, en l'indiction quatrième, le 7 des calendes de Mai (le 25
avril) de l'année 1216 de l'Incarnation du Seigneur, la 19° du pontificat
de notre Saint-Père Innocent III.

A la suite de cette bulle, on voit sur le *Cartulaire* de N.-D. de Silly,
la charte suivante :

A tous les fidèles du Christ qui verront les présentes lettres, G., official de Séez, et S., doyen d'Exmes (1), salut en Notre-Seigneur. Sachez
que nous avons vu et examiné attentivement un privilège accordé par le
Pape Innocent III à l'Ordre de Prémontré, et conçu dans les termes qui
sont rapportés ci-dessus. En témoignage de ce fait, moi, G., official de
Séez, j'ai cru devoir apposer à ces lettres le sceau de la cour ecclésiastique de Séez, et moi, S., doyen d'Exmes, j'ai cru devoir y apposer également le sceau de ma dignité.

(1) Exmes, ville ancienne du diocèse de Séez. L'abbaye de Silly était située à
8 kilomètres de cette ville.

Nota. — L'impression de ce privilège était terminée, lorsque j'ai trouvé aux Archives de l'Orne (fonds de l'abbaye de Belle-Étoile, serie H, liasse 38) un nouveau *Vidimus* de la bulle d'Innocent III. S'il restait quelque doute sur l'authenticité de ce privilège, ce nouveau *Vidimus*, que nous publions, suffirait, je pense, pour les dissiper entièrement.

Universis presentes litterasin specturis, officialis Abrincensis, salutem in Domino. Notum facimus tenore presentium omnibus et singulis quorum interest et interesse potest, nos vidisse, palpasse, et diligenter inspexisse quoddam transcriptum cujusdam privilegii a felicis recordationis Innocentio Papa III. Religiosis viris abbati Premonstratensi, ceterisque abbatibus et canonicis Premonstraten. ordinis concessi, quod sic incipit : « Innocentius Papa, servus servorum Dei, dilectis filiis, abbati Premonstraten, et ceteris abbatibus et canonicis Premonstraten. ordinis tam presentibus quam futuris regularem vitam professis in perpetuum », etc., et sic terminatur : « Datum Viterbii per manum Thome, cancellarii, S^e Sabine presbiterii Card. VII° kal. maii, indictione quarta, Incarnationis Dominice anno millesimo ducentesimo sexto decimo, Pontificatus vero domini Innocentii Pape III. anno nono decimo », quod quidem transcriptum erat et est sigillatum veris sigillis reverendorum in X° Patrum Roberti, Dei gratia, quondam Rothomagen. Archep., Gervasii, divina permissione quondam episc. Sagien., Willelmi, Dei gratia, quondam episc. Abrincen., Hugonis, Dei gratia, quondam episc. Constantien. et Jordani, Dei gratia, quondam episcop. Lexovien. prout prima facie apparebat. In quo quidem transcripto inter alias clausulas, gratiam a Sede Apostolica dictis religiosis concessam continentes, hæc clausula continetur : « Sane laborum vestrorum quos propriis manibus aut sumptibus colitis de possessionibus habitis ante concilium generale, sive in ortis et virgultis et piscationibus vestris, vel de nutrimentis animalium vestrorum, seu etiam de novalibus, nullus a vobis decimas exigat, vel extorquere presumat. » Testamur quod vidimus, et quod vidimus testamur sub magno sigillo curie Abrincensis, una cum signo et suscriptione Johannis le Bonnoor, clerici Abrincen. diocesis, publici auctoritate imperiali notarii. Actum et datum anno Domini M^e CCC° vicesimo octavo, die mercurii, festo passionis Apostolorum Petri et Pauli.

(Place du sceau, qui est enlevé).

Et ego Johannes le Bonnor, clericus Abrincensis diocesis et publicus auctoritate imperiali notarius, dictum transcriptum suis sigillis sigillatum, prout prima facie apparebat, vidi et palpavi, et eam clausulam que incipit :

« Sane » etc. vidi et de verbo ad verbum legi, et presenti instrumento subscripsi, et contra illud publicum et meum signum apposui consuetum rogatus, una cum magno sigillo curie Abrinc. in testimonium premissorum.

(Place du sceau, qui est enlevé).

Le signe du notaire ressemble à un écusson écartelé, sur la première et la quatrième partition duquel est figuré un échiquier ; la deuxième porte une croix de Malte, cantonnée en sautoir de son nom 

et la troisième une croix largement pattée avec quatre besants, ou annelets dans les cantons, et un cinquième à l'intersection des deux branches.